아침달 시집

오리배가 지나간 호수의 파랑

장이지

시인의 말

저는 영원을 믿는 편입니다. 영원한 사랑을 믿는 것이 아니라 한없이 다시 만나는 것으로서 이별을 믿습니다. 과정으로서 이별을 말이지요. 그 안에서 우리는 사랑을 복기하고 다시 만나고 한없이 되찾는다고 생각합니다. 독자 여러분, 앞으로 우리는 여러 번 헤어지게 돼요. 그때마다 잊지 마세요. 이 시집을 꼭 다시 열어 보기! 제가 생각하기에 영원이란 활자 속에서 우리가 다시 만나는 것이에요.

2025년 4월

장이지

차례

전설 바다의 밤물결   11
유월   12
무지개   14
정경   16
세계의 끝   18
경화수월   20
네가 떠안고 있는 것   22
Love Me or Leave Me   24
이 고비   26
깊은 곳   28
시간   30
헤어지는 중   32
구상도   34
죄   36
작은 악마   38

가족	39
노간주나무 아래서	40
두 사람	42
월대에서	44
불타는 나무	46
마음을 열어 보면	48
가벼이 취해	51
노래	52
페르소나	54
슬픈 눈	56
여우비	58
혼자만 찬란한 것	60
반성	62
복숭아 깃털 옷	64
장엄 호텔	66

꽃 피면	68
골목	70
울기 좋은 곳	72
칠월	73
처서	74
엄마야 누나야	76
우정 세월	77
행방불명	78
안개	80
파수꾼	82
핼러윈	84
애수	86
자퇴	88
양을 굽다	90
가리온	92

영원한 휴가	94
지하 통로	96
When You Wish Upon A Star	98
기록	100

발문

浪漫, 그 물결치는 사랑 - 성현아	105

전설 바다의 밤물결

　골목이 어제보다 어둡다 그것은 골목 초입의 빨래방이 어제보다 어두운 탓이다 빨래방이 어제보다 어두운 것은 한 사람이 빨래방에 있어서다 그 사람의 앉은키만큼 노란빛이 사라져서다 통유리창 너머로 그 사람의 등을 오래 쳐다본다 그 사람의 등으로 가서 등의 중심으로 가서 나는 백열등을 하나 켤 수도 있으리라 백열등 아래 어항으로 들어갈 수도 있으리라 거기서 인두겁을 벗고 부끄러운 비늘을 드러낼 수도 있으리라 나는 밤물결을 누비는 인어가 된다 목소리를 잃는 대신 한 사람이 된다 그 사람이다 빨래방에 앉아 있다 그러한 과거를 떠올리면서

유월

피가 지글지글 끓는 유월에는
장마가 지고……

비가 그치면
내 머리에도 꽃이 필까

큰 산이 구름을 토하고
구름이 구름 위에 구름을 덧칠하고
물감 장난의 끝처럼 구름이
천둥 번개를 동반한 검은 색이 되고
지상의 모든 물기를 모으고

나는 살이 그슬리고
여름 감기가 들고
감기보다는 더 아프게 몸살을 하고
피가 지글지글 끓고

긴 울음 끝에

겪을 것을 다 겪고 나면

내 머리에도

흰 꽃이 필까

무지개

쓰고 있는 것은,

그것이 아직 덜 쓰였다는 점에서 얼마간 지우고 있는 것과 구분할 수 없다

가끔 너와의 일을 내가 쓰고 있는지 지우고 있는지 잊어버리곤 한다
네가 있는 곳에 빛의 꽃나무 피어난다 그곳은 네가 있을 곳이 없는 곳 너는 항상 네가 없는 곳에 있다 한없이 멀어지는 미소는 멀어지다가 사라지는 미소에 비하면 한없이 가까운 곳에 있다 한없이 다가오는 미소라고도 할 수 있다 어쩌면
아프다…… 바로 거기……

바람이 보이지 않는 말로 내게 말한다, 없다……
들리지 않는 빛이 쏟아진다, 허공이 쓴 꽃나무
가령 없다는 것은 언제를 말하는 것일까

산을 타는 너의 다리
왼발 오른발

정경

나는 너를 오래 쳐다볼 수 없었다
강이 두렵듯이 너도 그랬다
너와 헤어지던 날
나는 너를 오래 쳐다보았다

밤의 한강에 가서
처음으로 강을 오래 쳐다본다
강의 어두운 표면에 새겨지는
시간의 영락零落
그러나 지는 꽃보다
지는 해보다 고운
물 위의 밤 무지개

하루의 조각들을 펼쳐서
정성스레 서로 맞춰보는
어둠 속 연인들

가장 어두운 것은 강바닥에 깔린다

내 안에는 처음으로 노래가 있다

나는 너를 오래 쳐다보지 못했다
기대가 생기면 아프니까
처음으로 나는 너를 오래 쳐다보았다
오래 기억해야 하니까

세계의 끝
―고고학

    사랑의 끝은 사랑을 조망하기에 오히려 불리한 곳입니다 끝에서 돌아보면 끝은 그럴 수밖에 없었던 끝으로 보이고 모든 끝은 운명처럼 보이기 때문입니다 우는 당신을 두고 끝내 나는 뒤돌아보지는 않았습니다

    다른 결말을 꿈꾸어봅니다 우리는 가지 않은 길을 가볼 수 있습니다 우리에게는 닿는 족족 산산이 부수어 날려버리는 거대한 태풍이 되었다가 모든 것을 뒤집어엎는 해일이 되었다가 마침내 죽은 듯 고요한 섬이 되는, 섬의 하나뿐인 성당이 되는 길도 있기는 있었을 것입니다 다른 결말에는 분명히 당신이지만 다른 당신이 있고 저는 원래의 당신이 그리워져서 울다가 지쳐 잠듭니다

    코스모스의 물결이 먼 곳에서 사운거립니다
    하늘가에서 흔들리는 멜로디
    멈추지 않는 파랑
    사랑하는 당신,

당신이 아니지만 당신과 비슷한 길을 걸어온 한 사람이 건널목 저편에 있습니다 당신과 닮은 데라곤 없지만 그의 눈빛에는 그리움이 있습니다 신호등이 파란불로 바뀌고 그가 이쪽으로 걸어옵니다 저 멀리 산의 능선에서 흰 구름 솟아오릅니다 그의 발은 그리스인처럼 생겼습니다 그가 제 옆을 지나갈 때 그의 옷깃에서 일제히 날아오르는 향수香木의 정령들

경화수월鏡花水月

다섯 번째 다리 위에서
너는 지나간 시간을 말한다
나는 네가 버린
어둠 속의 한 여인을 떠올리고
너는 그것이 아니라고 말한다
너는 지나간 시간을 말한다
지나갔지만 다시 따라붙는 것에 대하여

다섯 번째 다리 위에서
나는 흐르는 밤의 물결을 바라본다
너의 사랑 이야기는 물결로 흐르다가
바람결에 솟아올라
다리 위를 가득 메운다
너의 목소리는 하늘에 은빛으로 맺히고
나는 네가 잃어버린 것을
알게 된다 그때

다섯 번째 다리 위에서

나는 내 드러난 팔 위에 닿는
선율을 오래 기억하게 된다
흐르는 거울에
내 뒷모습이 흐른다
말 없는 꽃이 핀다

그것은 흘러 어디로 가나?
말하자면 우리가 가질 수 없는 사랑의 실체는
모두 어디로 흘러서 가나?

네가 떠안고 있는 것

네가 떠안고 있는 것은
바람이 불고 비가 오면
젖은 땅에 떨어져 한낱 무늬가 되는
가벼운 나뭇잎이 될 것이다
집 앞을 에돌아가는 물소리나
비 갠 다음의 하늘 저편으로 속절없이 떠내려가는
한낱 구름 쪼가리가 될 것이다

네가 떠안고 있는 것
몸부림하는 것
그것은 시시각각 갈라지는 바다의 표면에서
명멸하는 마지막 신호를 보내고는
수평선 너머로 떨어지는
불타는 모스라와 함께
영영 사라질 것이다

네가 떠안고 있는 것을 놓아버리면
몇천 년 만에 너는

흙 속에서
홀가분한 씨앗으로나 남으리

네가 사랑한 사람도 잊어버리고 너는
네가 지나온 너로는 다시
돌아갈 수 없을 것이다

Love Me or Leave Me

꿈에 슬픈 편지를 받는다 나는 그것을 가슴에 품고 홀로 시치리가하마로 간다 시치리가하마의 노을 속에서 그것을 열어보려고
　너는 아주 옅은 그림자만을 남겨두고 편지를 떠나고
　나는 마음을 닫는다
　너 말고는 아무도 들어올 수 없도록

잔물결에 손끝을 대면 온 바다가 검게 넘실댄다 산 너머 구름을 물들이는 것은 온 하늘을 물들이는 것이다

　편지를 열자, 울음의 기미幾微
　편지는 나를 껴안고 나는 너를 껴안는다
　서로를 비추는 눈빛과 눈빛
　시치리가하마의 노을이 바다에 녹으면
　해변은 타오르는 물방울 속 음악

잠결에 나는 눈을 뜬다 빛의 고양이가 눈으로 들어왔다가 빛의 눈물로 흘러내린다

슬픈 꿈을 꾸었다

그곳에 다시 가고 싶다

이 고비

이 고비를 넘기자
너의 눈을 보아도
너의 마음은 보이지 않고
너의 슬픔만 까맣게 옮아 오는데

이 고비를 넘기자
다시 사랑한다면
불같은 사랑뿐
너를 다 태우고
나는 재가 될 수밖에 없으니

그러나
그것은 하나의 자기 보신保身
이 거짓된 몸 따위는 살라버릴까

눈과 눈이 서로를 비춘다
일식日蝕처럼 어두워진 하늘
달이 해를 집어삼키자

너의 그 무엇이 까맣게 내게로 옮아온다
이를테면 불의 반지……

우는 너를 뒤로하고
버리고
버리고

이 고비만 넘기자
이 고비를 진정 넘을 수 있을까

깊은 곳
―고고학

    일없이 한가한 오전, 가까운 숲에서 검은 눈의 고라니와 만난다 사월과 오월 사이 우리는 부쩍 친밀해져서
    그는 숲속의 깊은 곳을, 나는 그가 가보지 못한 세계를 이야기한다

    그는 숲속으로 나를 이끌고
    바위 너머 덩굴 헤치고
    고사리 밟고
    깊은 곳으로
    내려가려
    하고

    발부리에 걸리며 가지 말라는 흙의 살
    발바닥에 엉기며 더는 안 된다는 흙의 피

    나는 숲보다는 더 먼 곳이 좋아 지평선 너머까지 먼지와 함께 걷는다 자꾸 더 먼 곳의 빛을 그리워하다가 잠을 설친다

숲의 짙은 그늘 속
고라니의
검은 물 유동遊動하는
눈

갈 수 있는 데까지 가장 끝까지 가렴
깊은 곳 그 아래까지
거기서 만나는
시간

시간

　현관이 보이는 식탁에 앉아 현관으로 비스듬히 들어오는 빛에 마음을 준다 현관 너머 뜰에선 이름을 알 수 없는 작은 새들이 노닐고 나팔꽃이 입을 다문 채 숨고 풀덤불이 가만히 초록의 귀를 내밀고 있다

　이러한 작은 풍경은 볼 수는 있지만 눈으로 만지듯 훑을 수는 없고, 질감을 알 수 없이
　저만치
　불가사의한 사각형에 들어 있다

　현관문 앞에 온 삼색 고양이가 실내를 들여다보는 오후
　고양이 눈이 현관을 지나 낯선 공기와 함께 부엌까지 오면

　식탁 뒤에는,
　어두운 거리에서 울고 있는 네가 있다
　네가 내게 보내준 사진 속 얼굴의 비가悲歌

　식탁 뒤에는 뒤에서 쏟아지는 빛을 밀가루처럼 뒤집어쓴

내가 앉아 있다 현관으로 비스듬히 들어오는 늙은 빛 아래로
현관 구석의 창백한 그늘

헤어지는 중

너와 헤어지고 있다
오늘보다 내일은 너와 더 멀어지겠지만
네가 이 세상에 오기 전으로 시간을 거슬러 가
그 역의 흐름 속에서 보면
너는 내게 오는 중이 된다

너와 헤어지고 있다 친구들은
너의 사진을 다 없애라는데
사진을 보면 너 없이 살아야 한다는 것을
실감하게 된다
사진의 그늘 속으로 내려가
꿈을 꾸고 싶다

너와 헤어지고 있다
떠난 사람은 반드시 돌아온다는데
너는 내가 살아갈 날들을 살아가면서
이미 나와 만나고 있는지 모른다
내가 날마다 너와 헤어지면서

너를 되찾고 있는
이 순간에도

너는 시간이 양쪽으로 흐른다는 게 무슨 뜻이냐고
꿈속에서도 중학생 같은 표정을 지었는데……
헤어짐은 만남이야, 바보야

언젠가 시간 위의 세 부처님이
절집의 가장 누추한
한 방에 모여
우리 두 사람을 맞아주었듯이

구상도 九相圖

소년 하나가 죽어가는 나비를 본다, 그것은 바로

너는 문 너머의 농도가 다른 암흑을 안다
더러운 끝이라고 네가 말한 것
나는 문에 이르지 못하고 쓰러지는 풀꽃을 본다
발이 떨어지지 않는다
우리는 닫힌 문을 사이에 두고 서로를 안다고 했구나

   그러나 안다는 것은 무엇일까

   늙은 여자가 젊은 남자에게 헤어지자고 말한다
   날이 저문다 개미들이 죽은 나비의 날개를 떼어내 자기의 굴로 돌아가는 것을 본다 마음의 알 수 없는 곳에서 돌이 호안석虎眼石으로 굳어간다
   젊은 남자가 운다

   누구에게 더 용기가 필요한지 잘 말할 수 없다

끝을 안다는 것은 두렵고
끝에 가보고 싶은 것도 두렵다

소년 하나가 나비가 있던 자리를 본다, 가을이 오기 전에
우는 벌레

죄

―도둑 일기

　일층보다는 보이는 것이 많은 지하철 역사 이층에서 나는 너를 기다린다
　가로등이 어둠보다 먼저 눈을 뜨고 잎이 두꺼운 가로수가 그것을 가리면서 조금 보여주기도 한다
　빌딩 유리에 비치는 구름
　나는 네가 빌딩 유리 안에서 걸어 나오는 모습을 상상한다, 질리지도 않고 너는 내게 올 수 있겠지

　유리가 깨지는 것을 아픔이라고 한다
　유리에 비친 구름도 깨질 수 있을까
　구름이 깨지는 것을 슬픔이라고 한다

　너는 늦게 와서는, 어릴 때 무언가 훔친 일을 말하더니 당신도 무언가 훔쳐보지 않았느냐고 이상한 것을 묻는다
　나는 도둑맞은 게 없는지 윗옷 안주머니를 뒤집어보듯이 마음의 바닥까지를 뒤집어본다
　조그만 방에 돌아와서도 생각한다, 너와의 일들이 하나의 문장처럼 보이고

그 문장에 우리가 함께 있는 것이…… 너에게 미안해진다
훔친 적이 없지만 훔친 것 같다

슬픈 것이 아름답다고 누가 말했지만, 죄는?
슬픈 죄를 짓는 것도 아름다울 수 있을까

작은 악마
―도둑 일기

소녀 여섯 명분의 때가 타지 않은 기도, 너는
제발 나쁜 길로 들지 않게 해달라고
지장보살께 빈다

나는 작은 악마, 비가 오누나
이미 돌이킬 수 없이 나쁘게 된 사람이
비를 맞으며 푸른 골목 속으로 사라진다
골목을 질질 끌며
아득하고 묘연하게

그러나

저는 제가 더럽다고는 추호秋毫도 생각지 않습니다만

가족
—고고학

　아버지는 이탄泥炭을 캐고 나는 그것을 주워 담는다 누나는 보랏빛 헤더를 꺾어 꽃다발을 엮고 어머니의 부뚜막에서는 불꽃이 발갛게 달아오른다

　헤더의 꽃물 드는 엷은 저녁이 한 겹 열리고 먼 곳에서 온 별들이 슬몃 다가앉으며 지난 일들을 들려주려 할 때 식구들이 식탁에 모여 따뜻한 음식을 나눈다

　이탄의 연기는 무한히 상승하여 밤의 지층 속에 다시 쌓인다

노간주나무 아래서

작년 이맘때
노간주나무 둥치에 묻은 눈물의
귀신
비만 오면 자꾸 보여

같은 연못에 빠져 죽은
형제 같아서
장화와 홍련 같아서
보는 눈
저절로
애잔하더니

또 비가 오누나

어느 날은 빗방울 속의
노간주나무 앞에
주저앉아
눈물 바람

하였지

노간주나무 잎새를 스치고 떨어지는
깨진 빗방울 속 하나하나의
검은 물밑에서
너와 내가 만나
까맣게 부둥켜안고
눈물 바람
하였지

두 사람

너는 내게 점점 세계가 되어간다
나 또한 네게 그렇겠지

낮과 밤이
검은 파도와 백사장이
눈구름과 사시나무 숲에 부는 바람이
세계와 세계가 소리 없이 격돌한다

우리가 피 흘리면
그 자국마다
피는
갈증의 눈꽃들

언어 이전에서 피어
언어의 피안으로 진다

사람들은 우리를 이해한다고 말하고
이해하지만 동의할 수 없다고 말한다

살을 에는 얼음꽃을
손바닥에 올려놓은 적막강산이 있고
눈보라를 휘감고 한없이 달아나는
암흑천지가 있다

누가 다른 사람의 사랑을 틀렸다고 말할 수 있는가
동의하거나 안 할 수 있는가

월대에서

십이 년 전 첫사랑을 만나러 가는
첫사랑의 시간을 만나러 가는
이야기가 있는
영화를 보고 와서 너는
나를 떠올린다

그것이 이상한 일이라고
이상하지만은 않다고
너는 내게 엽서를 쓴다

그런 네가 있었다

시간이 멈춘 곳이 있다
산이 무너져 길을 끊고
바다가 에워싸 갈 곳이 막힌

너는 그곳으로 돌아가
마침표를 찍고

다른 사랑을 시작해도 좋으리라

지금 나는 월대月臺에 올라
이천칠백 개쯤의 달이 떠간
자리를 가늠하고 있다

지상에서 가장 어두운 곳에
구름으로 지은 집
가장 어두운 곳에서
가장 빛나는 달

불타는 나무

오리나무 위에 바람이 쉬고 있다 벌거벗은 영혼이 쉬고 있다 바람이 오리나무를 흔들고 있다 오리나무에 떨어지는 빛을 흔들고 있다

먼지가 이는 길 위에서
죽어가는 지렁이
참혹한 시를
검은 흙 위에 부려 놓는다

온몸이 타들어가고 있었다
몸부림치고 있었다

오리나무가 붉은빛 속에 있다 불타고 있다 밤이 되면 내 안에 있겠지, 몸부림치는 나무
(그리고 시간 속에 있겠지 시간의 물을 마시고 죽은 것도 아니고 산 것도 아닌 채)

너는 다시 나를 찾을 수 있을까 찾아올까 바람이 오리나

무를 흔들어 놓고 떠나버린다

마음을 열어 보면

초등학생일 때 내 단짝 친구의 손가락에는 보기 흉한 사마귀가 나 있었다

양은 대야에 받은 물 위로 번지는 붉은 빛……

내가 그 사마귀를 가위로 잘라주었다 피가 멈추지 않자 내가 먼저 울음을 터뜨렸다

                                           일그러지는 얼굴
            누군가의 상상 속에서 사는 사람들, 거울, AIREGIN

SCENE #08 TAKE 4
"제 마음을 조금은 알지 않나요?"
(EXTREME CLOSE-UP: 눈물이 솟아나는 눈)

TAKE 8
(차고를 개조한 카페, 왼쪽 벽을 따라 세 개의 테이블이 놓여 있다 가장 안쪽 테이블에서 이십 대 초반쯤으로 보이는 동

양인 커플이 머리를 맞대는 듯한 자세로 대화를 나눈다 그 앞 테이블에 잔느와 클레오가 앉아 있다 문 앞의 테이블에는 중년의 깡마른 여성이 앉아 있다 시집과 커피)
"제 마음을 조금은 알지 않나요?"

TAKE 9
"제 마음을 조금은······."
(얼굴이 일그러지며)

 어머니는 내 친구의 어머니에게 연신 고개를 숙여야 했다 양은 대야에 받은 물이 더 붉게 변해갔다
　　　　　　　출근길에 본 허리가 끊어진 사마귀의 초록 피

　　　　　　　　가끔 시간과 함께 있다

 지도 앱을 보면서 우리가 만나기로 한 찻집으로 간다 지도 위에서 길을 헤매는 사마귀 지도 위를 떠가는 바위섬 연오랑이 타고 간 섬

SCENE #08

"용케 찾으셨네요?"

마음을 열어 보면, 네가 그 찻집에 아직 앉아 있다
너의 등은 곧고 아름답다
나는 너의 등에 비하면 너의 얼굴은 모르고 살았다고 할 수 있다
너의 등이 폭포처럼 서 있다
밑을 알 수 없는 낙차
뛰어내릴 수 있을까

마음을 열어 보면, 네가 그 찻집으로 들어가고 있다
허리띠 바로 위에서 폭포의 물거품이 튀면서 너를 지우고 있다

가벼이 취해

남녀 사이에 친구란 게 있을 수 있나요?

―그 질문은 틀렸어요
세상에 남자와 여자만 사는 게 아니에요
친구와 연인 사이에도 다양한 위치가 있고
그것에 높낮이는 없어요

아, 일평생 가벼이 취해서 사네

우린 아직 친구인가요?

아, 라든지
오, 라든지
숨길 수가 없네
나, 취했나요?

노래

 아침에는 비가 왔고 비를 맞으며 달려가는 족제비를 보았습니다 그것을 당신에게 보여주고 싶었는데 족제비가 사라지고 없어서 사진을 남길 수 없었습니다 구름을 보다가 구름이 흩어지는 것을 보다가 구름이 형상을 짓는 것을 보다가 저 구름이 무엇으로 보이는지 당신에게 물어보려고 휴대폰으로 사진을 찍었는데 구름은 더 찌그러져서 이미 다른 것으로 흘러가고…… 우리가 다 알고 있는 요절한 가수의 목소리를 인공지능이 복원하여 그이가 결코 끝까지 부른 적 없는 다른 가수의 노래를 끝까지 부르게 한 미니 앨범의 음악을 여러 번 듣다가 그리워하다가 그이가 다시 돌아와서는 안 되는데 하다가, 인공지능이 복원한 그이의 목소리에는 녹이 묻어 있지 않고…… 쓸쓸하다가…… 우리의 사랑 이야기는 처음에 길의 형태였고 길의 끝에 집이나 성소聖所가 있으리라 여겨지는 형태였습니다 달빛 속의 하얗고 긴 길이었습니다…… 어두운 방에서 영화를 보았습니다 베트남전쟁이 한창이던 때 미국의, 아름다운 나라의 불행한 여자들의 이야기였는데 그 이야기를 전부 기억할 수는 없습니다 한 여자가 있었는데 한 여자가 세계가 끝나버렸다는 슬픈 노래를 듣는, 귀로 듣는 게 아니고 온몸으로 듣는 이미지만 남았습니다 우리 이야기도 아마 끝에는 노래로 남아서 길도 아니고 노랫말도 사실은 아니고 흥얼거림이나 되는 것 아닌지, 녹이 묻은 딱 한두 소절만 기억나는 흥얼거림이나 되는 것 아닌지

페르소나

대학 입학 수시전형
면접장에서
너는
너의 어머니가
언제 홀로 되셨고
어떻게 너희들을 힘들여 키우셨는지 말한다
생활보호대상자
라고 말하다가
서럽게 운다

피부가 된 가면

개강 첫날 너는 눈을 반짝반짝 빛내면서
강의를 들었지만

너는 점점 더 지쳐서
항상 강의실 구석에서 잠만 자다가
어디론가 떠나버렸다

누렇게 변해버린 하얀

단벌 와이셔츠

어른의 의젓한 얼굴을 하고서……

의젓하다는 것은 지쳤다는 것

너무나 짧았던 모라토리엄

슬픈 눈

 낀다점喫茶店에 갔다 낀다점에서 커피를 마시고 함께 내온 과자를 먹고 과자를 다 먹자 말의 눈이 그려진 접시가 남았다
 소용돌이치는 눈
 말이 달려온 길을 릴reel처럼 감은
 소용돌이의 눈
 말의 눈은 빠질 수밖에 없는 시간의 깊은 구멍으로 우리를 끌어들인다 말의 눈을 들여다본다

*

 내게는 너의 사진이 잔뜩 있다 네가 찍힌 사진의 슬라이드가 내 작은 방의 천장에서 반짝이는 천체를 이룬다 땡볕이었다가 저녁 거리를 씻기는 바람이었다가 속옷까지 젖는 비였다가 모두 너였다 그리움에 까맣게 타버린 혼자만의 극장에서, 가리온이 내게 온다 몸 전체로 다가와 내 눈을 들여다본다 그을음 낀 빙빙 도는 복도

 무심코 너의 눈을 다시 보자

너의 눈이 모두 슬퍼 보여서

슬퍼 보여서

클로즈업만 있다…… 숨소리만 있다……

여우비

여우비가 온다
볕이 이렇게나 좋은데
나뭇잎 위로 여우비 온다
나뭇잎은 초록으로 빛나고
동시에 나뭇잎은 젖는다

여우비가 온다
식물성 보석이 바람에 부딪히면서 수런거린다

여우비 온다
드러난 팔뚝 위로 빗방울 맺히고
파란 핏줄이 파랗게 보이더니
이끼들이 팔을 초록으로 덮는다
닦아낼 수 없고
없던 일이 될 수 없고……

무지개 언덕에 여우비 온다

무지개 언덕에 비가 오면
네가 울고 있지나 않은지
네가 또 울고 있지나 않은지
걱정하게 되고 걱정하게 되고

광물성 슬픔이 핏줄 밑으로 구른다
묻혀 있던 것이 솟구쳤다가
다시 지상으로 떨어져 묻히는 것
발굴을 기다리지 않는 것
그러나 없던 일이 될 수 없는 것

혼자만 찬란한 것

사는 게 도무지 소꿉놀이 같다
연연한 구절 되뇌면 귀보다 먼저 목이 따갑고

하루는 더디기만 하구나
때가 탄 이불이 몸을 휘감으면 적막에 나를 먹이로 준다

피부 아래로 전류가 흐르는 핏줄
상처가 몸속을 헤집고 다니는 것

가우스형 우주에서 슬픈 생각의 부유물이 서로 뒤엉키면서 사람의 형상을 만든다 누군지 알 수 없지만 그 누군가일 수밖에 없는
 벌써 나를 잊었느냐고 시간의 틈새에서 나와 신출귀몰하는 너
 그러나 너는 네가 아니고 너의 홀로그램, 지워진 필기의 잔영殘影
 지난겨울의 살비듬이지……

혼자만 찬란하구나, 검붉게 물든 하늘 아래

배어나는 물기

습운한 별

돌아누우면, 아무도 없구나

반성

딱정벌레 옆에 갑충甲蟲을 놓는다
딱정벌레와 갑충이 서로를 반성할 수 있도록
빛살 뒤에 광배光背를 놓는다
빛살과 광배가 서로를 반성할 수 있도록

아름답지 않은 말로는
추한 말로는
마음이 전해지지 않는다고
누가 말했지만 설마 그럴 리야

노래는 분별하지 않는다
그것은 공명과 반향 사이에 있다
마음은 각자에게서 피어나 떨고 있다
살갗에 부딪히는 이 떨림은
새로 피어나는 내일의 구름

나를 지우는 노래는 닫히지 않는 포옹
마음은 찾기 전에 이미 있다

―빈자리[空], 있음

간판이 보여서 내가 가리키자

칠월의 아이는 구름에 대고 말했다

―나는, 없어

복숭아 깃털 옷

   복숭아 물이 팡팡 터지는 복숭아 속의 길을 하염없이 가서
   열리지 않는 문을 밀고 들어가면
   거기는 복숭아의 길 위를 달리는 시외버스 안
   젊은 어머니와 어린 내가 만원 버스의 가장 뒷자리에 타고 있다

   우리 앞에 서서 가던 중학생 형이 멀미를 지독히 해서
   어머니는 당신 자리를 그 형에게 내어주시고
   서서 가신다
   내 눈에 와 쌓이는 복숭아의 흰 깃털, 깃털
   잠결에 나는 어머니를 찾아서 옆으로
   옆으로 몹시 파고든다

   복숭아 물이 팡팡 터지는 국도 위 버스 안
   중학생이 된 내가 잠든 내게 어깨를 내준다
   엄마, 우리 지금 어디 가?

   어머니가 복숭아를 두 손에 올려두고

복숭아 속에서

복숭아 깃털 옷을 입고 잠든 나를

들여다보고 계신다

장엄 호텔

사랑은
나를 통째로 주는 것

나는 장엄 호텔
그대는 나라는 투숙객

저물녘이면
우리는 거닐었지
긴 복도를
장미 정원을
축축한 이끼로 덮인 분수대 옆을
그리고 뒤를 돌아보면

가스등 불빛에 드러나는
호텔의 정면

과거라는 낙서 사이로
발이 아프게

돌아다녔지

저물녘이면 거닐었지
깊은 곳에서
별빛은 개구리 소리
멀리 있는 것들이 서로 감응하는
날카로운 찰나

사랑은
나를 통째로 주는 것

꽃 피면

세계의 끝
만년설 덮인 산정에는
이십 년인가 삼십 년 만에
달빛 속에 피는 꽃

있어

그 너머는
우리가 잃어버린 사랑이 떠난 곳이라고들 한다
불가능한, 불가능한 곳이라고들 한다

그대 떠난 겨울에
꽃 피면
이십 년인가 삼십 년 만에
붉은 꽃 피면

그 주위를 돌며
없는 것을 드리겠다고

없는 것을 드리겠다고
가슴을 치며 늙어갈 날들

골목

아직 털도 다 자라지 않은 새끼 새가
지상에 홀로 떨어져 운다
골목의 저편에서 온 새끼 고양이가
그것을 툭툭 건드려보다가 뒤엉킨다

손바닥만 한 것들이
골목을 길게 늘여서
이제 골목은 조금쯤 심오해진다

새끼 새를 구해준답시고
앞집 여섯 살배기 순이가 출동한다

사방으로 기웃거리다가
새끼 새를 집어서는
골목 끝 층계참 아래
흙밭으로 살짝 던진다

조용하더니 꿈틀꿈틀한다

새끼 고양이도 계단을 내려가
새끼 새와 다시 엉킨다
처음 한 계단만 콩,
다음부터는 고꾸라지듯이 내려간다

다시 올라올 수 없는 계단인데
손바닥만 한 것들이

울기 좋은 곳

끝없이 이어지는 계단의 끝에서
뒤돌아보면
바다 밑의 작은 마을
하얗게 수평선으로 누워 있는 너
그리고 너의 옆얼굴

뒤돌아보면
빛으로 터지는 시간의 하얀 불꽃놀이
나보다 높이 솟아오르는
시간의 불새
순식간에 빛의 재로 내려앉는
시간의 꽃

그리고 새의 쨍한 울음
수만의 메아리 되어
너
돌아오는구나

칠월

지금 눈부시게 조용한 마당에서
분홍색으로 부푸는 너의 꿈
분홍색으로 부풀어서 골목과
칠월의 아침까지 차지한 꿈
너의 꿈이 내달려서 무너지는 마을
무너지는 구름의 모양
타오르는 물과 흘러넘치는 불
끝없는 목마름 안의 섬광
부서지는 거품
분홍색으로 부푸는 너의 꿈
나와 세계를 송두리째 바꾸는 꿈
미래와도 바꿀 수 없는
이 여름의

처서

너의 빛과 색 그리고 향기
그런 것들은 아직
내 몸에 감돈다

이것을 나는 잘 가꾸어서
마음 밭의 사리 속에
감추어 둔다

이번 생은 글렀지만
다시 태어나면
또 해 보자

모가지가 부러진
백일홍 속
마른 씨앗에
눈물 궁굴린
구름 한 채 들여놓고
꽃물로 물들이고

다시 태어나도,

내일의 혼잣말을
하면서

엄마야 누나야
―소월

불의 모래 속에 감추어 두리라
어지러운 바람 속에 감추어 두리라, 우리 집은
보이지 않는 집의 지붕 아래에서
영원한 물의 곁에서, 그리하여
죽지 않는 어머니의 곁에서

죽으리라

우정 세월

자립이란 속엣말 할 수 있는 사람이 많아지는 거래 나는 자립이 아니지 깊은 이야기는 너에게만 할 수 있으니까 자립이란 남에게 기대지 않는 거래 너무 기대면 상대도 힘들어질 테지 깊은 이야기에는 호수가 있고 백조 무리가 그 표면에서 하얗게 부서지고 있고 빛이 미치지 않는 물밑이 있고 거기에는 무쇠로 만든 노래하지 않는 새도 물론 가라앉아 있지 깊은 이야기는 너에게만 할 수 있어 우리 친구지? 내가 네게 너무 기대게 되면 내가 먼저 물러설게 한 발짝 두 발짝 내가 더 어른이니까 이런 일은 정말 익숙하니까…… 우정이란 말이 캄캄할 때가 있어 우정이란 말은 가끔 나를 안 보이게 해

행방불명

길모퉁이에 건물의 골조가 서 있다
가림막으로 반쯤 가려진 채
공사는 멈춰 있는 상태다

가을이 다 가도록 아무도 오지 않는다

건물은 지어지고 있을까
지워지고 있을까

세상을 이해해보려는
내 노력은 언제나 무위로 돌아간다

스스로 행방불명이 되어본다
너에게서 달아나려고

노트에 꽃을 그려본다
꽃을 든 고양이를 그려본다
집을 그려본다

암전된 채 던져진 집
가슴의 골조가 드러난 집

사랑은 이해 이전이라는데
이해할 필요가 없다는데

안개

너는 자기 마음을 나도 조금은 알지 않느냐고 묻는다
마음은 어렵다 보이지 않는다

항구로 안개가 타고 있는 배가 들어온다
전염병, 얼굴이 지워진 동승자들, 그리고
다만 자연

발밑이 꺼지기 쉬운 도시
불안정 고용과 위험의 외주화
물류창고는 가득 차는 법이 없는
자본주의의 위胃
타인의 욕망을 싣고 달리는 오토바이
머리를 들고 다니는 퀵서비스 기사
파업과 태극기 부대
왼쪽과 오른쪽
두려운 것들의 청구서는 끝이 없다

어른들은 어떻게 살 것인지가

다시 중요해졌다고 말한다
혼자일 때 나는 아프다

안개 속에서 엄청난 일이 일어나고 있지만

시집 속에는 없는 시인이 낭독회에 간다
그러나 자기 마음을 조금은 알지 않느냐고
어떤 팬이 묻는다면

무슨 일이 일어나고 있는지
누가 묻는다면

파수꾼

"이스라엘의 격렬한 공습으로 레바논 남부의 대부분 지역은 폐허가 되고 수만 명이 삶의 터전을 잃었습니다. 어제 레바논의 사망자 수는 지난 한 해 동안 가자 지구의 일일 사망자 평균치를 넘어섰습니다. 그 수치는 시리아 내전이 가장 극심했던 해의 일일 평균 사망자 수를 두 배 이상 웃도는 것입니다. 그러나 이런 수치로 전할 수 있는 것은 참상의 극히 일부에 지나지 않습니다."(2024년 9월 24일의 메모)

파수꾼은 밤이 팽창하는 것을 보고 있었다

울타리가 무너진 집에서 빈사瀕死의 새가 자기의 그림자로 서서히 들어가고 있었다

파수꾼은 아버지의 아버지, 그 아버지의 아버지, 그 선대로 계속 거슬러 올라가 자기가 진 빚을 계산하고 있었다 파수꾼은 답을 몰랐다 파수꾼은 주머니에서 **그것**을 꺼냈다 암흑 속에서 누군가 그것을 보고 있었다 파수꾼은 낮은 소리의 부름을, 그 부름에 응하는 자기의 떨리는 목소리를 머릿속에서 그려보려고 했다

파수꾼의 혼魂은 자기를 수집하고 있었다

밤하늘에 눈처럼 생긴 달이 떠 있었다 흰 구름이 어둠의 피부를 훑고 지나갔다 외로운 망루 위에서 파수꾼은 보고 있었다

핼러윈

핼러윈 밤에는 가면을 쓴다
오랜만에 방독면을 벗고
가면 안에서는
맨얼굴이 되어 숨을 쉰다

오늘은 고백하기 좋은 날
나는 네가 관음보살이 아닌지 묻는다
보관寶冠 위로 돋아나는 낯선 얼굴들
다른 사람이 되어 서 있는 너
자기가 왜 좋냐고
너는 내게 묻고
나는 답을 찾지 않는다

설령 머리카락이 없는 너여도
머리가 하얗게 세도
웃어도 화를 내도
무한히 열리는 두 팔

아침 햇살 속 해밀톤 호텔 앞 거리
부르는 이 있을 리 없는 투명한 콧노래를 듣는다
콘크리트 세계에서
회상의 오보에 소리
피어난다

보라색 바지를 입고 방독면을 쓴 사람이
건너편 길 위에서 이쪽을 보고 있다

애수

도쿄 릿쿄대학은
일제 말기
윤동주가 다닌 학교
그 도서관에는 언덕 위에 묻어버린 이름
윤동주의 명패를 붙인 의자가 있어서
후인들이 아직도 그 자리에 앉아
무성한 풀냄새 같은 것을 맡기도 한다고 한다

일본으로 건너가려고
윤동주는 일본식으로 이름을 고치고
울면서 이를 갈면서
녹 묻은 거울을 닦고 닦았다

2024년 서울
식민지 시대 우리 선조의 국적이 일본이라고
노동부 장관을 하겠다는 사람이 말했지만

노동해방문학 창간호에는

서울노동운동연합사건으로 투옥되었다가 풀려난
그의 웃는 사진이 실려 있다
노동자 계급의 정치적 조직화와 의식화를
그는 말했지만

살을 저미고 뼈에 새긴
이름 같은 것이
이 암울한 신식민지의 언덕에 남아 있는가

자퇴

인문대학 로비에서 너는
교수 연구실의 명패를 보고 있다
누군가 돋보기로 빛을 모으는 장난을 하는 것처럼
로비의 유리문이 열릴 때마다
빛이 1층 천장 구석에서 떠돈다

너는 기어이 자퇴서를 들고 왔다
일곱 번의 휴학
골수 기증자를 막연히 기다리다가
기다리다가

한 달 전에 나는 너를 돌려보냈다
자퇴한다는 것이 무슨 말인가
나아서 돌아와야지, 나아서

그날 나는 저 아래로 교문으로 내려가는
너의 모습을 지켜보았다

인문대학 로비에서 너는
교수 연구실의 명패를 보고 있었다
어떤 애소哀訴도 없이……

나는 네가 돌아가는 것을 보았다
하늘의 투명한 빛이
바람 속에서
멀리 녹나무 길 위로 퍼지고 있었다

양을 굽다

어린 양의 꿈속에 있다

늑대도
풍선도
드론도
다 무섭다

백주 대낮도
끊어진 철길도
나를 찾는 전화도
다 무섭다

불타오르는 사람도
불태우는 사람도
불을 주는 사람도
무섭다

그것은 깨우니까

불은 언제나 깨우니까

어린 양의 꿈속에 있다

나가지 않으려고 양을 굽는데
양이 바깥에서 계속
넘어왔다 보트를 타고
벽을 넘어서 계속
울었다

가리온

하얀 종이 위에서 출렁이는 검은 파도
검은 춤

말아, 네가 나를 이끌었니?
네가 나를 이끌어서
나는 사랑도 잊고
쉼도 모르고
예까지 왔니?

말의 눈 속의 소용돌이
육도六道를 오르내리는
검은 바람
미친 춤

돌아보면
하얀 밤
끝없이 넘실대는 수천 장의 검은 울음
말아,

육도를 미친 듯 오르내리는
너의 울음

영원한 휴가
─제자들과

산정 호수에 이르러 눈물 난다
하늘은 고추잠자리 차지였다
삼나무 숲이랑
삼나무 숲을 지나는 빛과 바람은
고추잠자리 차지였다
너희들은 두 팔을 벌리며 소리 지른다
너희들의 팔뚝에는 고추잠자리가 앉고
너희들의 팔뚝과 다리는
고추잠자리 차지였다
오리배는 고추잠자리 차지였다
유람선이 호수를 가르자
오리배가 기우뚱 밀려가다가
뒤집힐 뻔한 거 기억하니?
나는 오십 평생에
오리배를 처음 타보았단다
아버지는 평생 일만 하시느라
여행 같은 것도 모르고 사셨다
너희들은 나의 아버지

발밑에 걸리는 흙은 고추잠자리 차지
고추잠자리가 미동도 없이
착륙해 있는 흙의 오후
잠자리 날개 속에는
오리배가 지나간 호수의 파랑이
끝도 없이 퍼지고 있었던 거
기억하니?

지하 통로

"이스라엘이 가자 지구 동부 대피소에 공습을 가해 여성과 어린이가 죽었다. 사람들은 2023년 10월 7일 하마스가 이스라엘을 기습하면서 이 전쟁이 시작되었다고 말한다. 그러나 이 전쟁은 이스라엘이 세워질 때부터 지금까지 이어져 온 것이다. 테러는 악이라고도 말한다. 그러나 테러가 악이라면 제노사이드는 무엇인가. 이스라엘의 정치인들은 유대인들에게 제노사이드가 두 번은 안 일어나게 하겠다고 공언한다. 유대인이 아니라면 죽여도 좋은가. 가자 지구에서 벌어지고 있는 일은 제노사이드이다. 국가 아닌 것의 폭력과, 국가 차원의 계획적 학살!"(2024년 11월 9일의 메모)

미로에서 눈은 어둠에 익어간다
국제인권법이 오지 못하는 곳
지도에 없는 곳
슬픔의 입속에 이는 모래바람
검붉게 차오르는 시간

미로에서 눈은 어둠에 익어간다
버젓한 나라들은 인권을 말하고는

마치 다 말한 것처럼 젠체한다

전진하는 카메라, 혹은 총구銃口
미로 속 우글거리는 먼지의 구울
나라 없는 자들의 까만 절규
언어절言語絶의 납골당에서
실어증자가 어두운 단어를 고른다

팔레스타인은 주장한다
여기가 자기네 땅이라고
팔레스타인 사람에게도
정치적 주장이 있다

인권이란 말로 상쇄할 수 없는

When You Wish Upon A Star

아, 이 눈이 언제 그치려나
혼잣말하듯 내가 말하면
너는 그 말의 속뜻을
다 알지도 못하면서
아, 그러게
한다

위병소에서 탄약고까지
어둠 속을 달리는 초병처럼
너와의 경계선을
날마다 확인하는 일

우정이란

눈 내리는
동짓날 밤은
죽지 않는 건반
눈 속의 귀뚜라미는

영원의 도약

안 보이는 별에다 소원을 말할 때
내가 누구인지는
안 중요해

너와 나 사이에 눈이 하얗게 내려 쌓였으면……

☾ 디즈니 애니메이션 〈피노키오〉(1940)의 주제곡. 지미니 크리켓의 노래.

기록
—palimpsest

생일 파티가 없으면
우정은 잘 쓸 수 없을지 몰라

졸업식이 없으면
이벤트가 없으면
우정은 기록되지 않는다고 흔히 말하지

우정은 묽다고
뜨겁지 않다고
불타오르지 않는다고

두 사람의 목에 길게 감긴
하나의 머플러

최애를 응원하는 야광봉을 흔들며
꽃다발처럼 모여
어두워지는 거리를 메우는 마법 소녀들

공포의 주문呪文에 맞서,

오늘 우리가 함께 있었다는
묽은 표식을 남기자
내일도 만나자고 작별의 포옹을 하고
친구의 목에 머플러를 감아주자

날마다 다시 쓰자, 우리의 우정을

발문

浪漫, 그 물결치는 사랑

성현아 / 평론가

    시인 장이지는 "사랑을 쓸 수 없다면 저는 살아도 산 것이 아니에요"(「불타버린 편지」)🌙라고 말하며 사랑을 기록하는 일을 생의 사명으로 여긴다고 고백했었다. 사랑에 관해 쓰지 못한다면 삶은 무가치해지고 사랑을 시에 새길 수 없다면 존재 이유마저 불분명해진다는 뜻이겠다. 그 문장들을 책임지듯 이번 시집에도 사랑이 어김없이 넘실댄다. 독특한 것은 언뜻 사랑으로도 다 덮이지 않을 것만 같은 피와 죄, 죽음과 전염병, 공습과 절규 등의 엄슬한 말들이 빼곡히 시집에 수놓여 있다는 점이다. 사랑으로도 도무지 상쇄되지 않을 것만 같은 공포스러운 현실을 알알이 심어두고서 어떻게 사랑시의 영속을 믿게 하려는 것인가. 시집을 여는 말 역시 아리송하다. "영원을 믿"지만 "영원한 사랑을 믿는 것"은 아니라고 말하는 그는, 대신 헤어졌다가도 한없이 다시 만나게 되는 "과정으로서의 이별"(「시인의 말」)을 믿는다고 한다. 사랑을 이어 나가는 일이 어떻게 사랑을 잊어나가는 일과 같아질 수 있을까. 사랑이 지어지는 일이 어찌 사랑을 지워가는 일과 겹칠

🌙 장이지, 『편지의 시대』, 창비, 2023.

수 있는 걸까. 이별이 완결되지 않았다고 홀로 버티면 사랑이 종결되지 않았다고 우길 수 있는 걸까.

 약간은 의심스러운 마음으로 시집을 펼치면, 여지없이 고개를 끄덕이게 하는 문장이 등장한다. "쓰고 있는 것은,// 그것이 아직 덜 쓰였다는 점에서 얼마간 지우고 있는 것과 구분할 수 없다"(「무지개」). 장이지의 시는 양립 불가능해 보이던 명제들을 어떠한 모순도 없는 말끔한 모습으로 나란히 세운다. 쓰이는 중인 문장은 미완이기에 지워지는 중인 문장과 구분되지 않는다. 다음으로 이어질지, 쓰이기 전처럼 사라질지 알 수 없는 반쯤 기재된 활자들은 보기에 따라 다르게 비친다. 쓰일 사랑을 기대하는 것과 쓰였던 사랑을 지워나가는 것이 모종의 시점에서는 구분되지 않는 것이라면, 헤어짐 역시 그러한 것일 테다.

   너와 헤어지고 있다
   오늘보다 내일은 너와 더 멀어지겠지만

네가 이 세상에 오기 전으로 시간을 거슬러 가

그 역의 흐름 속에서 보면

너는 내게 오는 중이 된다

(…) 떠난 사람은 반드시 돌아온다는데

너는 내가 살아갈 날들을 살아가면서

이미 나와 만나고 있는지 모른다

내가 날마다 너와 헤어지면서

너를 되찾고 있는

이 순간에도

너는 시간이 양쪽으로 흐른다는 게 무슨 뜻이냐고

꿈속에서도 중학생 같은 표정을 지었는데……

헤어짐은 만남이야, 바보야

 -「헤어지는 중」부분

장이지의 시에서 결별은 단숨에 이루어지지 않는다. 언제나 진행되는 과정에 놓여 있다. '너'와 헤어지는 중인 '나'는 "오늘보다 내일" 너에게서 더욱 멀어지겠지만, "네가 이 세상에 오기 전"까지 "시간을 거슬러 가"본다면 "너는 내게 오는 중"이 되고 이들은 도리어 서로에게 가까워지고 있다. 그가 상정하는 시간은 양방향으로 흐르고 있으므로 '나'에게서 멀어지는 '너'는 반대로 '나'에게로 다가오고 있다. "내가 살아갈 날들"로 미리 뻗어가 보면 '너'는 이미 '나'를 만났을지도 모른다. 서로에게서 멀어지는 것은 이별의 과정이지만, 동시에 "너를 되찾"는 재회의 과정이 되는 셈이다. 그러므로 양방향적 시간성을 전제하는 장이지의 시 속에서 헤어짐은 '영영'이라는 말과 어울리지 않고 사랑은 저리로 밀려갔다가도 다시 격렬히 흘러드는 파랑처럼 보이게 된다.

파랑과 사랑은 단 하나의 음운으로 변별되는 단어다. 파랑은 바다의 물결로, 해수의 주기적인 운동을 뜻한다. 이 운

동은 파를 일으키는 외력과 원래 상태로 돌아가고자 하는 복원력에 의해 유지되는데, 사랑 또한 이와 다르지 않다. 외력으로 작용하는 삶의 풍파와 그 속에서 버틸 이유를 만들어주려는 누군가의 애처로운 복원력으로 지속되기 때문이다. 더불어 사랑과 파랑은 연신 흐른다. 어떤 때는 쏟아지듯이 밀려들어 한 사람의 마음을 다 헤집어 뒤바꿔놓고, 어떤 때는 닿을 수 없는 먼 곳으로 순식간에 달아나 버린다. 액체성을 지니고서 시종 일렁인다. 그러므로 로망^{roman}을 음역한 말이 물결의 가득 참을 의미하는 '浪漫'이 된 것은 우연이 아니다.

    단, 장이지는 파랑이 곧 사랑이라는 손쉬운 동일화에 매몰되지 않고, 그 사이의 미세한 괴리까지 짚어낸다.

> 다섯 번째 다리 위에서
> 너는 지나간 시간을 말한다
> 나는 네가 버린
> 어둠 속의 한 여인을 떠올리고

너는 그것이 아니라고 말한다

너는 지나간 시간을 말한다

지나갔지만 다시 따라붙는 것에 대하여

다섯 번째 다리 위에서

나는 흐르는 밤의 물결을 바라본다

너의 사랑 이야기는 물결로 흐르다가

바람결에 솟아올라

다리 위를 가득 메운다

너의 목소리는 하늘에 은빛으로 맺히고

나는 네가 잃어버린 것을

알게 된다 그때

다섯 번째 다리 위에서

나는 내 드러난 팔 위에 닿는

선율을 오래 기억하게 된다

흐르는 거울에

내 뒷모습이 흐른다

말 없는 꽃이 핀다

그것은 흘러 어디로 가나?

말하자면 우리가 가질 수 없는 사랑의 실체는

모두 어디로 흘러서 가나?

— 「경화수월鏡花水月」 전문

 "다리 위에서" 화자는 '너'와 대화를 나눈다. '너'는 "지나간 시간"을 말할 때면, 그것이 흘러가버렸다는 식의 선형적 시간을 가정하지 않는다. "지나갔지만 다시 따라붙는 것"에 도리어 관심을 가진다. 그러므로 "너의 사랑 이야기" 역시 지나버렸으나 과거에 고이지 않고 "물결로" 흘러 너와 내가 자리한 현재의 "다리 위"를 가득 메울 수 있다. '나'는 그 물살이 선

율처럼 내게 와 "닿는" 것을 느끼면서 "네가 잃어버린 것"이 무엇인지 알게 된다.

    하지만 그것은 어디까지나 밤의 물결에 비친 사랑의 잔상일 뿐이다. 이 시의 제목 '경화수월鏡花水月', 즉 '거울에 비친 꽃과 물에 비친 달'처럼, 사랑이란 우리 눈에 보이지만 결코 닿을 수 없는, 잡힐 듯 잡히지 않고 달아나 버리는 허무한 형상인 것일까. "흐르는 거울"에 비치는 "내 뒷모습" 역시 흐르는 형태로 어렴풋하게 드러날 뿐이므로 "우리"는 "사랑의 실체"를 가져볼 수 없다. 그것은 다만 흘러갈 뿐이다. 그러나 이 대화 역시 수차례 반복된 것이라면, 다르게 읽어볼 수 있다. 화자와 '너'가 경험을 나누는 다리가 "다섯 번째"라는 것은 왜인지 다섯 차례 거듭된 삶 속에서 반복된 조우를 암시하는 것으로 읽힌다. 아마도 시인이 생성과 소멸의 시간을 분리하지 않음으로써 "하나의 장소 안에서 모든 시간이 융화공존"ᾰ할 수 있음을 보여주었고, 타자를 나의 전생 또는 후생처럼 느끼기도 했던 시인이기 때문일 것이다. 거울에 비친 사랑만을 간

ᾰ 김미정, 해설 「오늘도 우리는 '우주의 선물'을 받으며」, 장이지, 『연꽃의 입술』, 문학동네, 2011, 131쪽.

접적으로 지각하면서 그 실체 대신 실루엣만 어렴풋이 만져 본다고 하더라도, 밀려드는 물결을 끊임없이 마주하고 쓸려 가는 물결의 되돌아옴을 예비한다면, 순환하는 시간 안에서의 변화무쌍한 격랑은 영속적인 머묾으로 느껴질 수 있다. 쉼 없는 파랑에 의해 단단한 절망 역시 쉼 없는 파랑에 의해 무른 응어리가 되어갈 것이다.

    사랑을 대하는 장이지의 독창적이고 희망적인 태도는 좁고도 넓은 그의 관점에서 기원하는 듯하다.

    골목이 어제보다 어둡다 그것은 골목 초입의 빨래방이 어제보다 어두운 탓이다 빨래방이 어제보다 어두운 것은 한 사람이 빨래방에 있어서다 그 사람의 앉은키만큼 노란빛이 사라져서다 통유리창 너머로 그 사람의 등을 오래 쳐다본다 그 사람의 등으로 가서 등의 중심으로 가서 나는 백열등을 하나 켤 수도 있으리라 백열등 아래 어항으로 들어갈 수도 있으리라 거기서 인두겁을 벗고 부끄러운 비늘을 드러낼 수도 있으리라 나는 밤물결을 누비는 인어가 된다 목소리를 잃는 대신 한 사람이 된다 그 사람이다 빨래방에 앉아 있다 그러한 과거를 떠올리면서

　　-「전설 바다의 밤물결」 전문

　　화자는 골목의 밝기가 어제보다 어두워졌음을 기민하게 감지한다. 통유리창으로 된 빨래방에 "한 사람"이 우두커니 앉아 있으니, 일정량의 빛이 그에게 가로막힌 것이다. "그 사람의 앉은키만큼 노란빛이 사라져서" 딱 그만큼의 어둠이 골목에 더해진다. 골목에 서 있는 듯 보이는 화자는 유리창 너머로 보이는 "그 사람의 등"을 오래 바라본다. 그러다 그의 "중심"에 가서 "백열등"을 하나 켜거나 그 아래 "어항"으로 들어가 "밤물결을 누비는 인어"가 될 수도 있다고 상상한다. 이때 화자가 지각하는 골목의 암도暗度란 실질적으로는 한 사람이 짙어진 어둠의 농도일 테다. 화자는 이를 헤아리기 위해서 그 내면의 물결을 온몸으로 훑으며 잘 알지 못하는 이

의 쓸쓸함과 촉각으로 만나보려 한다. 그러자 그는 동화 속의 인어가 목소리를 내어주고 한 사람으로 거듭났듯, '나'가 보고 있는 바로 "그 사람"이 되어 "빨래방에 앉아 있"게 된다. '나'와 일면식도 없었을 타자는 서로의 "과거"가 된다.

    더욱 눈여겨보게 되는 것은 그의 시선이다. 골목이라는 여러 사람이 교차하는 비교적 너른 공간에서 시선은 시작된다. 그는 그 골목이 어제보다 어두워진 것은 "초입"에 놓인 한 "빨래방"이 어둡기 때문이고, 그 빨래방이 어두워진 것은 "한 사람" 때문이라며 점점 시선을 좁혀간다. 이는 '전설 바다의 밤물결'이 등장했던 정지용의 시 「鄕愁」(1927)의 관점과 유사하다. 정지용은 옛이야기를 재잘대며 마을 전체를 회돌아 나가는, 역사적 흐름을 연상시키는 광대한 물결을 보면서 "傳說바다에 춤추는 밤물결"↙처럼 날리는 어린 누이의 귀밑머리를 함께 본다. 거시적인 관점과 미시적인 관점이 양립할 수 있음을 알고, 이 거대한 세계의 조류를 직시하되 이에 떠밀리거나 혹은 맞서는 한 사람 안에서 이는 잔물결까지 눈여

↙ 정지용, 「鄕愁」, 『鄭芝溶詩集』, 시문학사, 1935.

겨보는 것이 바로 정직한 시인의 자세가 아닐까.

    이와 같은 염결한 시선을 답습하는 장이지 역시 타자가 품은 미세한 출렁임까지 깊이 들여다본다. 장이지 시의 화자는 "그 사람"이 빨래방을 떠나서 골목이 이전처럼 환해지길 바라는 것이 아니라, 그가 지닌 어둠을 밝혀주려 한다. 이 대목에서 시인의 마음을 읽을 수 있다. 한 사람이 품은 내면의 그늘까지 놓치지 않으려는 섬세한 마음, 그리고 그것을 다 알아볼 때까지 그 속에서 헤엄치려는 다정한 마음. 나아가 "밤물결"로 표상되는, "그 사람"이 지닌 내면의 어둠 속에서만큼은 화자도 "인두겁"을 벗고서, 즉 평범한 사람처럼 보이기 위해 늘 써야 했던 표준 인간의 얼굴 탈을 잠시 내려놓고서 동물적이라 여겨지는 육체("부끄러운 비늘")를 그대로 내보여도 된다고 믿는다. 그렇다면 "밤물결"은 어쩌면 사회가 요구하는 정상적인 인간에 언제나 미달하는 존재들이 한구석에 품게 되는 고독과 허망함일지도 모른다. 말하자면 매일 모독과 열패감을 잔뜩 안겨주고 그것을 견디게 하는 가혹한 자본주의 사회에서 누구나 필연적으로 가지게 되는 마음의 그늘이다. 화자는 그 어둠을 마치 전설 바다의 밤물결처럼 신비로워하면서 제 것처럼 서러워하면서, 그 물결에 휩쓸려 '나'였던 혹은 그 언젠가 '나'이고야 말 "한 사람"과 포개어진다.

시인이 옛 시인들의 구절을 종종 빌려오는 것은 그들의 시선을 닮아보려 하는 것으로도, 그 배경이 되는 과거의 시간까지 폭넓게 오가기 위한 시도로도 보인다. 그리하여 너른 시선과 방대한 시간성을 확보할 때, 비로소 이별은 완결된 것이 아니게 되고, 좌절은 사랑의 물결에 침식되어 가고, '나' 또한 '너'로 거듭날 수 있게 된다. 장이지는 자기 안에서의 공회전이 아니라 너와 섞여 드는 확장된 순환을 꿈꾼다. 나를 등지고서 걸어간 네가 나에게로 되돌아오고 그런 너를 다시 만나 사랑하고, 네가 오기를 기다리다가 이따금 너로 태어나기도 하는 아름다운 되풀이를 소망한다.

그가 계속해서 소환하고 어떻게든 되어보려는 '너'는 사적인 관계로 맺어진 상대이기도 하지만, 나의 기원인 부모와 나의 미래일 제자들, 참사와 전쟁으로 죽어간 선량한 이들, 관음보살과 가리온, 흙과 하늘을 메우는 고추잠자리까지 통칭하는 이름이다. 복수의 존재를 포괄하는 명칭으로 타자를 뭉뚱그리려는 것이 아니다. 개별자들이 지닌 희미한 유사성을 확대 해석하여 개개인을 무리하게 세계로 확장해 보려는 것 역시 아니다. 장이지가 추구하는 것은 각각의 존재가 지닌 다름을 겹겹이 쌓아 올림으로써, 한 올 한 올 따라 일렁이며 몸을 적심으로써 가능해지는 '너 됨'이다. '너'들의 적층이자 '너'로의 침윤이다.

장이지는 일방적인 동일시로 오해받곤 하는 '서정'의 본질이 "어떤 순간에도 선함을 잃지 않으려는 마음에 있"으며, 시가 "내 마음에 비추어 남의 마음을 헤아리려는, 인간을 이해하려는 마음을" 포기하지 않는다면 서정은 여전히 믿음직한 정신적 지표로 기능할 수 있다고 보았다.[1] 그러한 신념에 따라 그는 사랑을 지니고서 타자의 마음을 자기 것처럼 헤아리려 노력하고 있다. 그러면서도 마음이란 알아채기 너무나도

---

[1] 장이지, 「서정의 기능부전과 서정시인의 운명」, 『환대의 공간』, 현실문화, 2013, 209쪽.

어렵다는 점까지 애써 감추지 않고 시인한다. "자기 마음을" "조금은 알지 않느냐고"(「안개」) 묻는 이에게 그는 쉽사리 대답할 수 없다. "팬"이 "낭독회"(「안개」)에 와서 물을 때도, 적당히 안다고 둘러댈 수가 없다. 내 마음에 비추어 보아도 남의 마음은 쉬이 구해지지 않기 때문이다. 그렇기에 자꾸만 세계와, 내 앞에 선 한 사람을 좀 더 가까이 또 기꺼이 보려 하는 것인지도 모르겠다. 사람의 마음에 깊은 고독을 길러내는 세계가 결코 사람들의 총합으로 치환될 수 없다는 것을 알기에.

    그런 시인을 따라서, 골수 기증자를 기다리던 제자가 낫지 못한 채 학교를 나서는 모습을 바라본다.(「자퇴」) 아무것도 할 수 없어서 그저 바라보기만 하는 그를 따라 앓는 심정으로 그렇게 한다. 10·29 이태원 참사가 일어났던 해밀톤 호텔 거리를 보고(「핼러윈」), "가자 지구 동부 대피소"에서 공습으로 죽은 여성과 어린이"(「지하 통로」)를 보고, "야광봉을 흔들며" 거리를 빛으로 물들이는 "마법 소녀들"(「기록— palimpsest」)을 보고 내가 모르는 시간에서 혼자 우는 너를 본다. 언어화할 수 없고 완전히 알아차릴 수도 없는 마음을 하염없이 들여다보는 시인의 마음까지 닮아본다. 그리하면 그 일렁임을 따라 옮아 들고 얽혀드는 파랑을 느낄 수 있다. "멈추지 않는 파랑, 사랑하는 당신"(「세계의 끝─고고학」)

시인 장이지는 물결의 형태로 존재하는 사랑이 멀리 밀려가도 여러 줄기로 갈라져도 여전히 흐르고 있음을 아는 사람. 그리고 그것을 기록하는 데 주저함이 없는 사람이다. 그는 우리를 물들이는 세계의 조류와 당신의 마음에서 나부끼는 작은 일렁임 모두를 계속 그려나갈 것이다. 그러므로 그의 시가 멎지 않는 한, 파랑이 가득한 여기는 낭만浪漫의 시대다.

아침달 시집 48
오리배가 지나간 호수의 파랑

1판 1쇄 펴냄 2025년 4월 25일

지은이 장이지
큐레이터 정한아, 박소란
편집 서윤후, 정채영, 이기리
디자인 김정현, 정유경, 한유미

펴낸곳 아침달
펴낸이 손문경
출판등록 제2013-000289호
주소 04029 서울시 마포구 양화로7길 83, 5층
전화 02-3446-5238
팩스 02-3446-5208
전자우편 achimdalbooks@gmail.com

© 장이지, 2025
ISBN 979-11-94324-37-9 03810

값 12,000원

이 도서의 판권은 지은이와 출판사 아침달에게 있습니다.
양측의 서면 동의 없이 책 내용의 전부 혹은 일부의 재사용을 금합니다.